JN437705

기획자와 디자이너의 주말나기

기획자의
土요일
디자이너의
日요일

기획자의
土요일

디자이너의
日요일

디자인소호 출판부

prologue

기획자와 디자이너 그들이 살아내는 법

여기 대한민국의 기획자와 디자이너가 있다.
희뜩한 아이디어를 내기 위해 머리를 맞대지만, 하나는 입으로 나불대고 하나는 눈으로 까부는, 통하려야 통할 수 없는 둘이다.
화성인과 금성인처럼 태생이 다르고 천성이 다른 기획자와 디자이너. 하지만 이들도 함께 밤을 지새우는 시간이 길어질수록 서로의 다름을 이해하는(혹은 이해하는 척하는) 폭이 커져갈 것이다. 결코 짧지 않은 월화수목금을 코피 터지게 씨름하며 보낸 둘은 각각 어떤 색깔의 주말을 맞이할까.
우리는 크리에이터들의 일하는 방법보다 쉬는 방식에 주목했다. 늘 새로워야 하기에 그 어떤 직업군보다 치열한 하루하루를 사는 그들이, 단 이틀의 주말 동안 어떻게 너덜너덜해진 일상을 헹구는지 궁금하지 않은가. 그래서 특별하지는 않지만 누구나 공감할 수 있는 크리에이터들의 힐링법을 함께 나누고 싶었다. 누군가는 클럽에 가서 한껏 몸을 흔들고, 누군가는 박물관에 가서 고상하게 작품을 감상할 일이다. 누군가는 내내 이불에 말려 짧은 동면을 청하고, 누군가는 자전거로 작은 세상을 돈다. 그 전자가 기획자일 수도, 디자이너일 수도 있다.
단언컨대, 이 책이 기획자와 디자이너의 상(想)에 대한 정확한 답은 아니다. 모든 물음표에 대한 결론적인 해답으로 받아들여지지는 않기를 바란다. 어떤 부분은 따지고 들어도 좋고, 어디에서는 고개를 끄덕여도 좋고, 한 번쯤은 스스로의 생각과 비교해 봐도 좋을 그런 평범한 사람들의 사연이고 이야기일 뿐이다.
다만 이 책이 기획과 디자인을 향해 끊임없이 물음표를 던지고 있는 당신에게, 새파란 청춘이지만 결코 약하지만은 않은 젊은이들에게 한 권의 작은 격려가 되었으면 더할 나위 없이 좋겠다.

㈜디자인소호 일동

contents

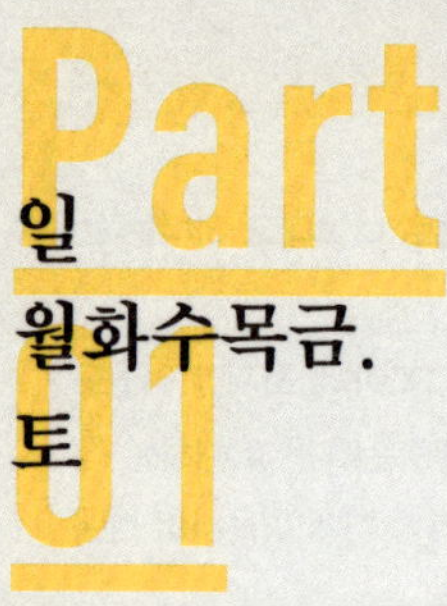

Part 02

달콤한 꿈,
그리고
다시

일
월화수목금.
토

주말은 왜 이렇게 짧기만 한지

찰나의 방학을 뒤로 하고

월요일 아침이 밝아온다.

단잠을 잤었나 쉬기는 했었나

지나간 이틀을 곱씹으며 이제

일상에 뛰어들어야 하는 시간

길고도 또 먼 일주일의 여정이

소란스레 시작된다.

sun

mon

tue

wed

thu

fri

sat

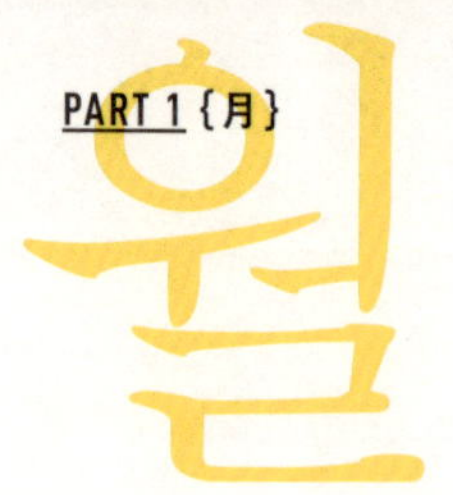
월

둥근 해가 떴습니다(만)

둥근 해가 떴습니다. 자리에서 일어나서 ♬
NO!!
둥근 해는 떴지만, 그녀의 몸은 뜨지 않고…

양심은 있으니 양치는 하자
제일 먼저 이를 닦자 ♬ 윗니 아랫니 닦자

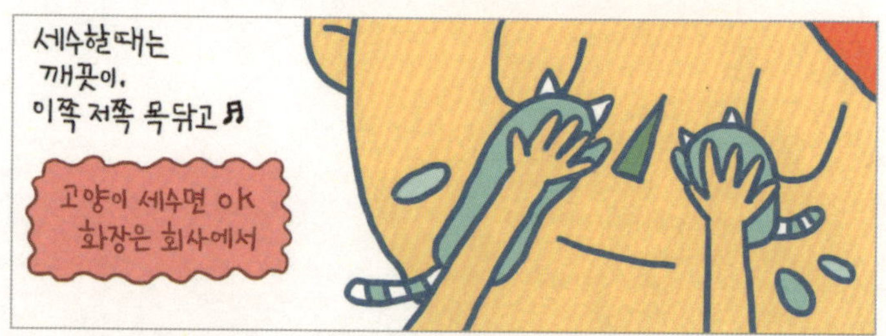
세수할 때는 깨끗이. 이쪽 저쪽 목닦고 ♬
고양이 세수면 OK 화장은 회사에서

머리 빗고 옷을 입고 회사에 갑니다 ♬
젖은 머리 따위 바람에게 맡기고

여긴 어디,
나는 누구?

PART 1 {火}

나 누구랑 얘기하니?

답답하게 막힌 내 머리를 뚫어줘

빨간 펜으로 할까, 파란 펜으로 할까

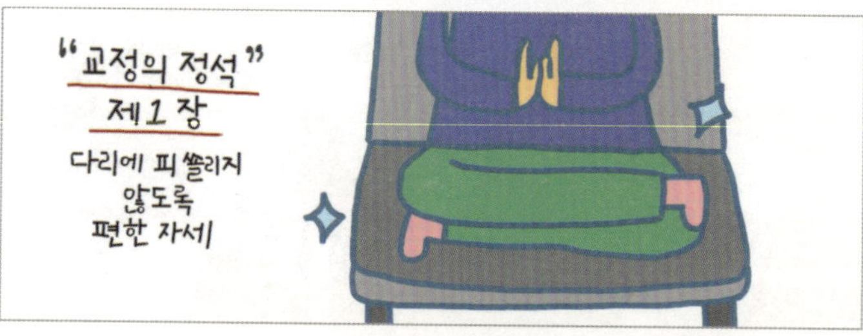

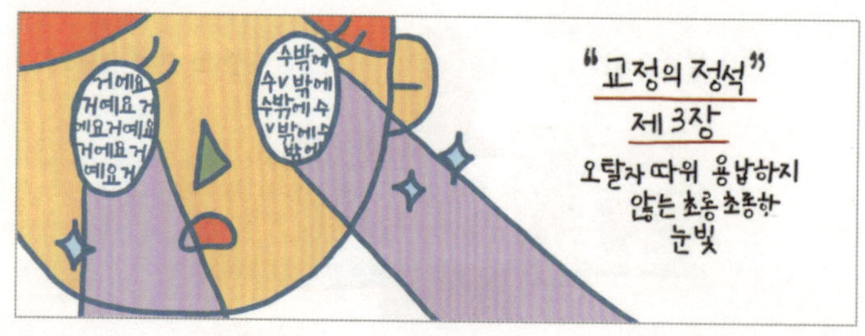

시작은 창대했으나
끝은 미약하리라?!

PART 1 {木}
목

그녀의 필살기

대리님.
안녕하세요~ 그동안
잘 지내셨죠?
PM 5:00
기획미팅이 있는 날.
잠재된 모든 친절함을 꺼내
어필하며 안부를 전한다

네. 일단 더 찾아보고
수정해서 다시
드릴게요
이건 좀
식상하네요
더 이상의 아이템은 없다
자부하지만
무조건 NO는
분쟁의 씨앗이란 걸
알기에 일단 수긍하고
회의를 속행..

하면 좋지만
아시잖아요~
견적은 안 바뀌는거
이건 했었으니
이번엔 좀 특별하게
견적은 고정인데
비용 드는 아이템만
들이밀며 옵션을
변경하는 클라이언트에게
일침

회사
하아..
나도 퇴근하고
싶다...
회의만 했는데 퇴근시간.
취재원고를 쓰기 위해
그녀는 다시 회사로 간다

편집디자인의 꽃,
인쇄감리

금

불타는 금요일 불태우는 스트레~스!

"우리 치맥

이나 할까요?"

달콤한 꿈,
그리고
다시

막막하기만 했던 월요일이 오고,

시간이 더디게만 흐르던 화요일이 가고,

정신없이 바빴던 수요일이 지나고,

숨통이 트여 한숨 돌렸던 목요일을 보내고

왠지 모르게 기분이 들떴던 금요일까지.

그와 그녀의 숨 가쁘던 일주일이

깊은 새벽에야 곤히 잠이 든다.

달콤한 꿈으로 채우고,

비로소 시작되는 어느 주말 이야기.

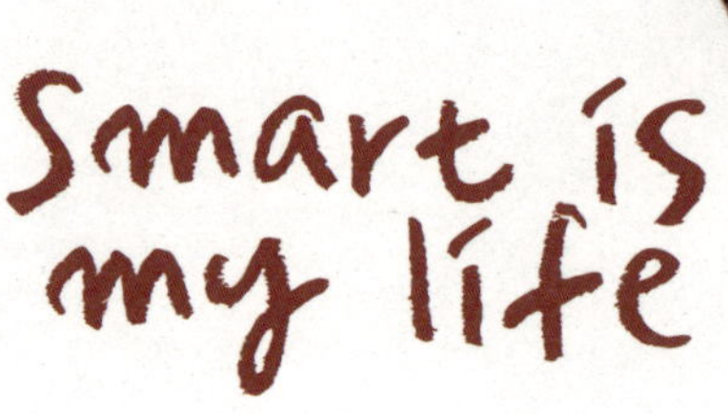

스마트한
기획자의
삶

관심 없던 분야에도 관심을 가져야 해
난 기획자니까!
이것이 요즘 젊은이들(?)이 쓴다는 스마트빔
안드로이드 마켓에 들어가
다운을 받고 &*%@()!#
맞춤법이 틀렸어!!!
(호기롭게 설명서는 집어던진 후 통화 버튼 꾹)

자기, 이거 어떻게 하는 거야?

MY
LOVER
STO
RE

세상만사 내 손안에 두고 싶다

와! 이런 최신 기기도
벌써 다룰 줄 아는 거야?

구체적인 칭찬으로 현장 분위기 띄우기

이렇게 된 것 차 안에서
스마트빔으로 영화 보고 가자

오늘도 색다른 이벤트 아이템 체험

요즘 이 영화가
반응이 좋대

문화 기획 칼럼에 소개할만한 작품으로

신기하지, 어땠어?

취재원 미니 인터뷰

아까부터
마음에
들었어요

편안하게
그래도 신발과 시계는 포인트로

살짝 얼음이 갈린 크림 생맥주에
동료들과의 다트 게임
count up
501
크리켓

적당한 취기가 돌 때쯤
아까부터 마음에 들었어
용기를 내자

심장을 더 뛰게 하는 음악 소리
북적이는 사람들을 헤치고
드디어 눈앞에 닿은

벽면의 포스터

응?

감각을 깨우는
나란
디자이너

음…
아,
후

좀 취했나?
이제 제대로 음악을 즐겨봐야지

한 손은 주머니에
등으로는 그루브를 타고
스텝은 세련되게
시선은

잡지 거치대로

아 쫌!

DESIGN
SOHO
SE XY
PRINT
CA
10 X

01

기획자의 뇌구조
VS
디자이너의 뇌구조

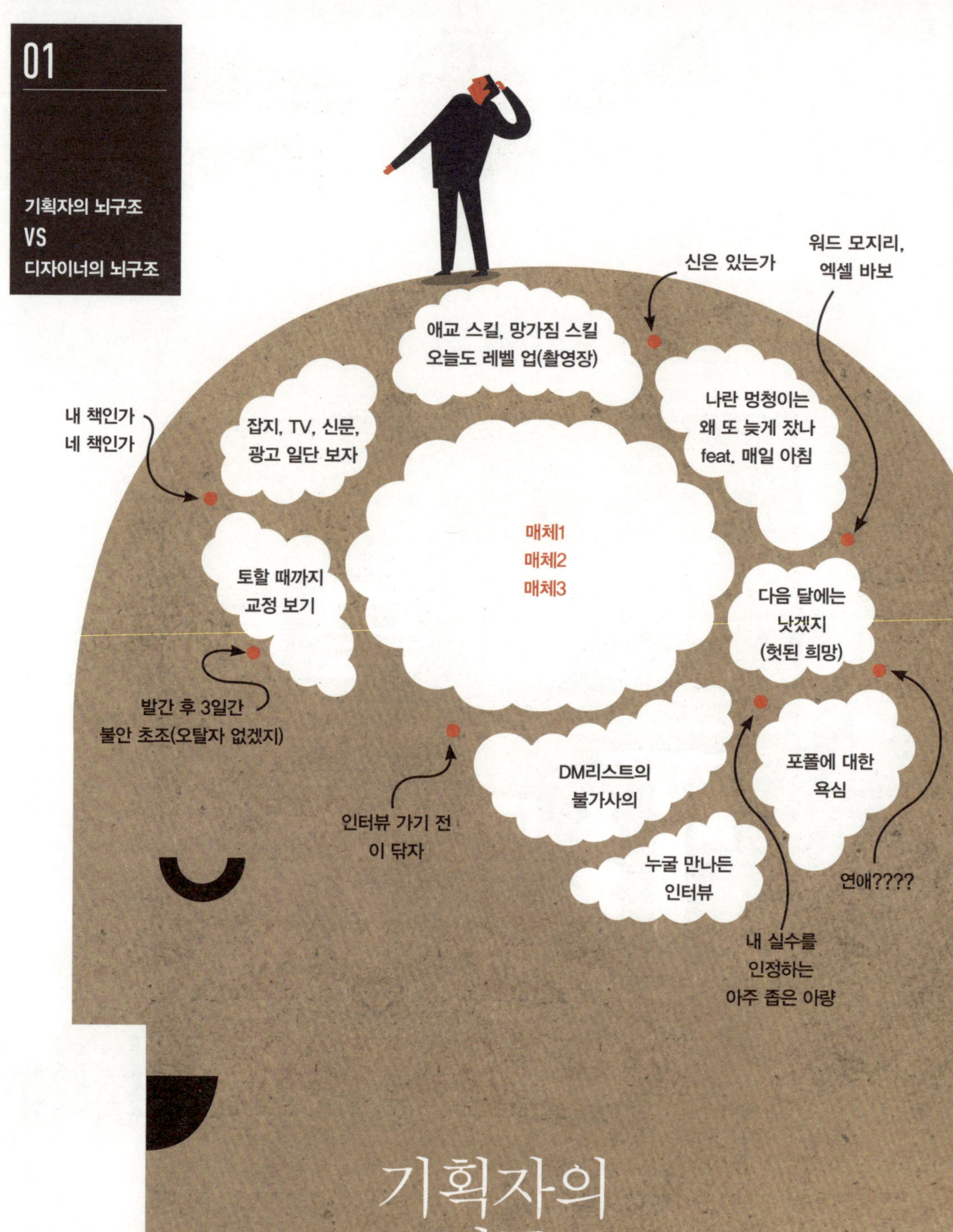

기획자의 뇌구조

건들지 마.
예민하니까
연애!!!!
디자인 방향 제대로
가고 있는 것 맞지?
습관적인
자료 수집
힘든 만큼
발전할거야
ㅠㅠ
디자인에 대한
설렘
월화수목금,
일과의 사투
(나는 언제쯤 디자인이 쉬워질까?)
카메라
(잘 찍지도
못하면서)
그리드
맞춰야 해
글자들의
계층 정리
PDF 귀신이 있다더니
가방 문 열렸어요
뭐 묻었어요
주말! 주말!
운동해야지

디자이너의 뇌구조

01

기획자가 쓴 디자이너 VS 디자이너가 본 기획자

기획자가 쓴. 디자이너

(대화를) 하는 걸까. 조용한 작업실

(표정이) 없다

(말을 걸면) 수줍게 번지는 미소

(일정을 이야기하면) 같이 한숨을 쉰다

(원고를 넘기면) 줄여 줘 or 양이 많아

UP&DOWN

(수정사항이 오면) 함께 찌그러지는 얼굴

(대부분) 착하다

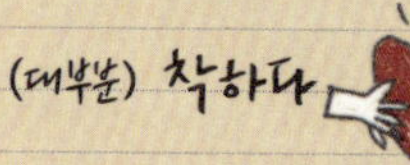

(몇몇은) 까칠하다

(특히 손톱이) 화려하다

(가끔은) 이해 불가

(하지만 결국은) 함께 가야할 동반자

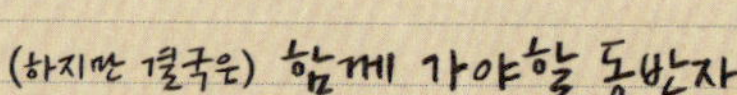

디자이너가 본. 기획자

공주(혹은 요정)

평소에는 티셔츠에 바지 차림이지만,
회의나 촬영이 있는 날이면 대변신~

검객

날카로운 눈빛으로 교정지에 붉은 비를 뿌려 댐

샌드위치

디자이너와 클라이언트 사이에 끼어
고군분투

우리 집이
남자친구보다
좋은 이유

있잖아, 듣고 있어?
우리 그이가 얼마나 좋은 사람인지 얘기했던가?
내가 똑같은 얘길 반복해도 군소리 없이 경청해주고
가끔 우울할 때면 말없이 있어도 위로해주는 게 느껴진다니까
밤늦게 술에 취해 찾아가도 아무런 타박 안 하고
나 말고 다른 여자는 쳐다보지도 않아
세상에서 내가 제일 예쁘다나?(깔깔)
야식을 먹어도, 오후 늦게까지 잠을 자도,
옷가지를 아무 데나 벗어던져도 잔소리도 안 해
게다가 내 생물학적 더러움(?)도 꾹 참아준다니까?
저기, 듣고 있는 거지?
이제 내가 왜 연애 안 하는 건지 이해하겠지? 응?

그래서
그녀는

오늘도
드라마를
봅니다

여덟, 할머니를 따라 뭣도 모르고 "아이고"를 연발했어요.
열여덟, 여덟 시 오십 분에 방영하는 드라마를 보기 위해 야자를 째(?)기도 했죠.
스물여덟, 엄마와 오징어를 씹으며 "저 몹쓸 년"을 메아리처럼 따라 읊어요.
잽은 어느 날 갑자기, 혹은 방심하는 순간에 치고 들어와요.
미래의 내 모습이라 믿어 의심치 않았던 그녀들의 나이를 어느새 훌쩍 넘겼음을 알게 된 순간!
논픽션 인생은, 생각보다 시시하고 건조하게 흘러갔어요.
잘생기고 완벽한(나만 바라봐주는) 재벌 2세는 그림자도 구경할 수 없었고
청춘의 불꽃 튀는 로맨스도, 극적인 사건도, 인생의 기막힌 반전도 없었죠.

그래도, 나는 오늘도 여전히 드라마를 봅니다.
깔깔 웃고 엉엉 울고
두근거리고
가슴 아파하고
눈물도 조금 훔치며.

그래서
그는

오늘도
달립니다

너와 함께라면 어디든 갈 수 있지
익숙한 골목을 달려
낯익은 상가를 돌아서면
여기는 런던
여기는 이스탄불
여기는 오키나와
흘러내리는 땀방울을 닦고
시큰해진 발목에 힘을 주고
핸들은 가볍게 움켜쥐고
짧은 낮과 긴 밤을 달려
자전거와 함께라면
내일에 닿을 수 있지

자전거와 인생은

한 ____ 뼘 차이

한 뼘이 생각보다 넓다는 거 알아?

때로는 단단하게 때로는 부드럽게,
때에 따라 달라지는 중심 뼈대 본체
당신이 길을 잃었을 때, 올바른 방향으로
나아가게 하는 곧은 인생 핸들바
너무 빠르지도 너무 느리지도 않게,
인생은 눈치 게임이야 페이스 조절 페달
기름칠(회식)과 사용감(야근)이 적절히 비례해야
오랫동안 사용 가능한 균형 잡힌 기어

※주의사항 : 자전거의 연식과 위 내용은 연관이 없음을 밝힙니다.

1
WHEEL

2
WHEEL

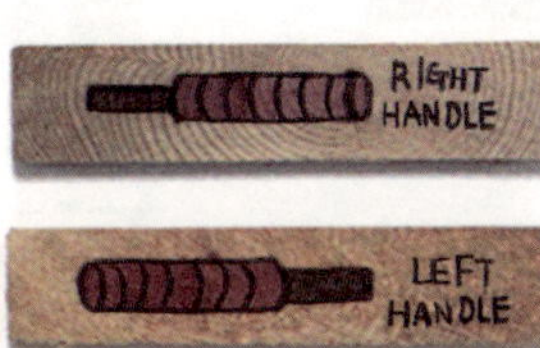
RIGHT
HANDLE
LEFT
HANDLE

CHAIN

FRAME

PEO
PLE

SEAT

PEDAL

GEAR

02

기획자의 편지
VS
디자이너의 쪽지

다 너를 생각해서 하는 말이야

미래의 기획자 여러분, 안녕!
잠깐, 신중히 생각한 건가요?

글쓰기 능력도, 커뮤니케이션 스킬도, 디자인 보는 눈도,
밤새울 수 있는 체력도 필요한 기획자는 생각보다 갖춰야 할 덕목들이 많답니다.
어때요, 조금 흔들리지 않나요?

특히 중요한 것은, 사람을 좋아하고 존중해야 한다는 점이에요.
'사람 만나는 걸 좋아'하는 걸로는 부족해요.
평범한 사람들이 지닌 특별함을 찾아내는, 그것이 기획자의 몫이지요.
메마른 가슴과 감성으로는 힘들지도 몰라요.

자신만의 장점을 찾는 것도 중요해요.
언젠가는 큰 버팀목이 되어줄 거예요.

수집의 대왕이 되세요!
사람도, 글도, 인맥도, 보고 듣고 겪는 모든 것을요!
무엇보다 많이 돌아다니세요. 어디든지요.

P.S 기획자, 이래도 하실 건가요?

02

기획자의 편지
VS
디자이너의 쪽지

"다 네가 잘 되라고 하는 소리야"

편집디자이너를 꿈꾸는 후배들에게 하고 싶은 조언이요?
음 글쎄요, 지금이라도 다시 생각해 보는 건 어때요?
하하. 농담이에요.

일단 컴퓨터를, 책상을 벗어나세요.
넓은 활동반경을 가지도록 하세요.
많이 보고, 많이 만나고, 당신만의 색깔을 찾아 떠나세요.
디자인은 책상머리에서 이뤄지지 않아요.

디자인은 배울 수 있어요.
하지만 디자이너가 되는 법은 배울 수 없죠.
디자인과 상관없어 보이는 분야에도 관심을 기울이세요.
다 피가 되고 살이 된답니다.

학교수업 외에도 대외활동에 많이 참여하세요.
세계여행도 가고, 어학연수를 하고, 독서토론회에 가입하고,
디자인 세미나에 참석하고, 댄스 동아리에 들어가고….
지금요? 하고 싶어도 못하거든요.

일련의 과정을 거치다 보면 진정한 꿈이 뭔지 대충은 보일 거예요.
그때 가서 생각해도 늦지 않아요.

P.S 디자이너, 폼 나지 않으면 땡! 당당하지 못한 태도도 땡!

일을 붙든 주중.
나 혼자 살기도 바쁩니다.
나 혼자 살기 바쁜 나와
나 혼자 살기 바쁜
클라이언트가 만나면
곱빼기로 바쁩니다.
나는 바빠서 빡치고,
너는 빡치기 바쁩니다.

봉사활동을 하며 힐링하는 그

일을 놓는 주말.

나 혼자 쉬기도 바쁩니다.

나 혼자 쉬기 바쁜 나와

나 혼자 밖에 나오기 힘든

그대가 만나면

서로 쉽니다.

나는 삿된 마음을 놓고,

당신은 긴장을 놓습니다.

긴장
심장
애간장

장에는
종류가
있습니다

메주 따라 생기는 된장
공포 따라 쫄깃한 심장
애인 마음 졸이는 애간장
상황 따라 생기는 긴장

주중에 일할 때는
"이런 된장, 심장 벌렁벌렁"
하다가도,
주말에 봉사할 때는
"애간장 태우지 말고, 긴장 풀어!"
하게 됩니다.

맛집 검색의 하수, 중수, 고수

하수 - '○○동(지역명) 맛집'으로 검색
중수 - '오빠랑 ○○○(요리명)'으로 검색
고수 - 검색하지 않는다. 맛보지 않은 곳은 모두 맛없는 집!

맛집 탐방의 하수, 중수, 고수

하수 - 문득 떠오른 음식, 가까운 맛집을 찾아간다.
중수 - 계속 떠오르는 음식, 시간이 지나도 장소가 멀어도 맛집을 찾아간다.
고수 - 이 달의 테마요리, 소문난 곳이든 아니든 그 요리명이 보이는 음식점은 다 들어간다.

맛집 탐방으로
스트레스를 푸는
그녀

맛집 탐방?

난 맛집 탐방 안 하는데?
아무리 말해도 이 여시들은 나한테 맛집을 추천하라네?

여시들아.

맛집은 탐방하는 게 아니란다.
어느 레스토랑에 가든, 길에 서서 떡볶이를 먹든 맛을 음미해!

멀리 가지 마.

어릴 적부터 집 근처에서 사먹던 순대집이 제일 맛있어.
멀리 가서 실망하느니 집 근처에서 실망하는 게 속 편해.

그거 알아?

우리 집 김치는 맛이 없지만, 음식점 김치는 더 맛이 없지.
최고의 맛집은 김치가 맛있는 친구네 집이야, 친구네 놀러가!

soondae
soup
soy sauce
Pickles
TTeokbokki
Fry
kimBob
oden
kimchi
sausage
DELICIOUS!

03

기획자의 밥집 VS 디자이너의 술집

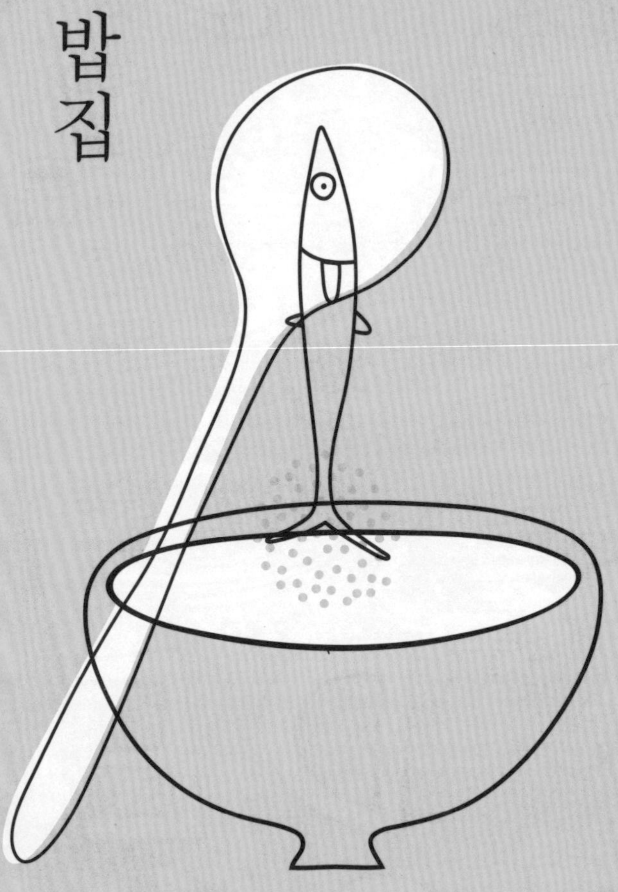

없다 - 없어진 맛집

경기도 안성 **(구)돌산묵밥집**

예전부터 간판이 **없다.**
찾는 사람도 **없다.**
가정용 밥솥에 짓는 밥과 나물류 반찬, 직접 담근 김치, 청국장은 최고, 지금은 가게가 **없다.**

않다 - 예전 같지 않지만 여전히 찾게 되는 맛집

서울 인의동 **함흥곰보냉면**

서울시 종로구 인의동 112-14 세운스퀘어 4층

시계골목에 있었으나 골목 폐쇄로 새 건물로 옮기면서 예전 같지 **않다.**
50년 동안 옛 건물에 스며있던 육수 내음이 그립지만, 맛은 좋으니 대수롭지 **않다.**
시원한 육수와 뜨거운 육수를 번갈아 마시고, 숙성 왕만두를 곁들이니 천국이 부럽지 **않다.**

마라 - 이 글 보고 찾아가면 내가 곤란한 맛집

서울시 신사동 **두레국수**

서울 강남구 신사동 626-79

점심때는 가지 **마라.**
가려면 12시 전에 가야 안 기다리고 먹으니 가려면 일찍 가서 기다리지 **마라.**
명불허전 두레국수, 든든한 비빔밥 다 맛있으니,
여럿이 가면 다른 메뉴 하나
더 시켜서 나눠먹어야 하니, 혼자 가지 **마라.**
셋이 가서 메뉴 세 개만 시키지 **마라.**

03

기획자의 밥집
VS
디자이너의 술집

없다 - 로또 맞는 기분으로 찾아가는 맛집

경기도 안성 **우정집**

경기도 안성시 동본동 102

찾아가기 애매한 지역, 영업시간이 대중**없다.**
밍밍한 육수, 냉면 맛이 있는 듯 없는 듯 맛도 대중**없다.**
그럼에도 불구하고 다 먹으면 살짝쿵 남는 뒷맛!
이런 걸 좋아하는 나도 참 대책**없다.**

않다 - 예전 같지 않지만 여전히 찾게 되는 맛집

서울 연희동 **구무전**

서울 서대문구 연희동 188-58

최근 1년간 무슨 일이 있었는지 맛이 예전 같지 **않다.**
그렇다고 이유가 궁금하지는 **않다.**
탕수육 하면 구무전, 야채탕면 하면 구무전 하던 때가 있었으나 지금은 평범해도 개의치 **않는다.**

마라 - 이 글 보고 찾아가면 내가 곤란한 맛집

서울시 남가좌동 **아삭바삭**

서울시 서대문구 남가좌동 341-6

여기 사장님 친절하고 사람 좋지만 처음 간 날부터 친한 척하지 **마라.**
자리가 많지 않은데 사람은 꾸준하니 찾아가지 **마라.**
가위로 잘라 먹어야 하는 거대한 김말이 튀김과 어디서도 맛보기 힘든 반건 노가리, 크림생맥주는 캬~,
내가 앉을 자리도 없으니 탐내지 **마라.**

술집

주말이 뭔가요
주말에 근무하는 그녀

대체
언제까지 그것만
잡고 있을 거예요?!

YES

이렇게
기본적인 걸
틀리면 어떻게 해!

다시 해 와!

아무리 열심히 해도 시간은 모자라고
알고도 저지르는 작은 실수들
신입사원 그녀에게는 매일이 낯설다
패기만으로 외친 '할 수 있어요!'
그러나 결국 회사에서 보내는 주말

하지만 패기는 절망을 이기지
못하면 못하는 만큼 남들보다
더 열심히, 더 많이 노력하면 되니까!
최고의 기획자가 금방 되겠니,
아이가 스스로 일어나 첫 걸음마를 내딛듯
그녀도 지금 첫 발걸음을 떼는 것

흔들리고 넘어져도 당연한 일
흔들리던 것이 흔들리지 않을 때까지,
당연한 것이 당연해지지 않을 때까지
아직은 휴식도 성장의 거름,
아직은 주말도 성장의 시간
회사에서 보내는 그녀의 주말 오후는
그 누구의 것보다 가치 있게 빛난다

좋아하는
가수의
공연을
쫓아다니는
그.

아무리 애쓰고 떼를 써 봐도
도저히 떠오르지 않는 아이디어
사하라 사막마냥 머릿속이 바짝바짝 마를 때
내가 찾는 오아시스는 바로

콘.서.트.

발밑까지 둥둥 울리는 베이스,
귓가를 부드러이 감싸는 멜로디
가지각색 음악은 마음속에 녹아들며
방전된 내 안의 활력을 충전한다

Shall we Dance

오직 나만을 위한 이곳,
내 감정에 솔직해지는 순간
춤추고 소리 지르며 느끼는 자유는
내 안의 감성을 터뜨리는 환희,
아이디어를 채우는 시간

04

기획자의 서재
VS
디자이너의 서재

기획자의 서재

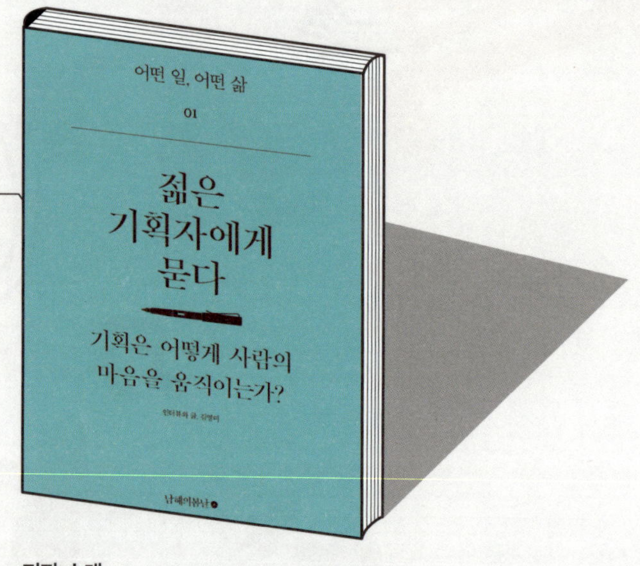

추천사
(기획팀 김희원 팀장)
기획이 어떻게 사람의 마음을 움직이는지, 세상의 무수한 기획자들이 어떻게 살아가는지를 엿볼 수 있는 책입니다. 때로는 저마다의 분야에서 최선을 다하는 사람들의 이야기가 영감을 주기도 합니다.

젊은 기획자에게 묻다

저자소개 김영미
출 판 사 남해의 봄날
출 간 일 2014.06.05

저자 소개

저자 김영미는 디자인 컨설팅 회사 이노디자인에서 기획, 홍보와 마케팅 등 다양한 기획 업무를 하며 30대를 보냈다. 인도에서 2년 동안 참여한 빈민 지역 봉사를 계기로 새로운 세상을 만나고 한국에 돌아와 무주택 서민들에게 집을 지어주는 '해비타트 한국지사'의 협력개발 국장으로 NGO활동을 시작했다. 현재 동남아 식수 오염지역에 정수기 지원 사업을 하는 '오픈핸즈(OPENHANDS)'의 사무국장이며, 소외된 이웃을 돕고 더 좋은 세상을 만드는 다양한 기획을 고민하며 실천하고 있다.

책 소개

서로 다른 분야에서 활발히 자신의 역량을 펼치는 젊은 기획자들을 만나 '기획은 어떻게 사람의 마음을 움직이는가?'라는 주제를 중심으로 한 인터뷰 내용을 담아낸 책이다. 기획자들의 생생한 경험과 기획 사례 등을 바탕으로 각 분야에서 기획자로 성장하기까지의 그 치열한 과정과 노하우를 알려준다. 이를 통해 변치 않는 기획의 본질과 기획자가 잊지 말아야 할 중요한 기획의 과정을 깨달을 수 있다.

디자이너의 서재

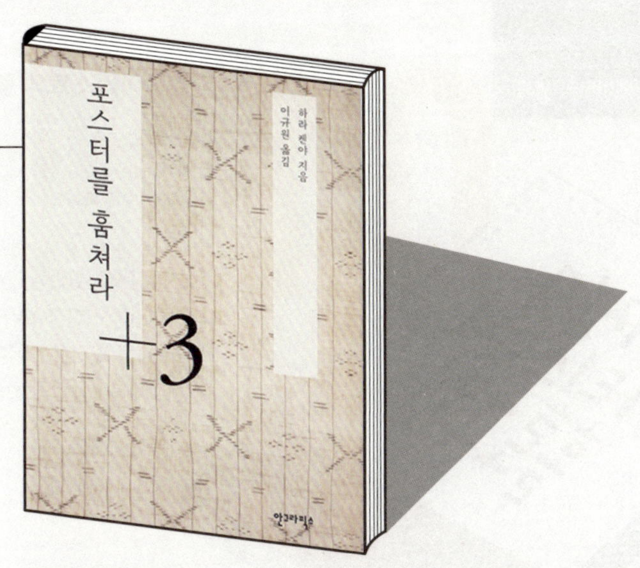

추천사

(디자인팀 서정원 PD)

디자인의 거장 하라 켄야의 신출내기 디자이너 시절의 경험을 소소하게 보여주는 책입니다. 저자가 디자인을 어떤 시각으로 바라보는지, 어떤 철학을 갖고 디자인을 대하는지를 잘 보여주고 있습니다.

포스터를 훔쳐라

저자소개 하라 켄야
출 판 사 안그라픽스
출 간 일 2010.11.01
역자소개 이규원

저자 소개

그래픽 디자이너이자 무인양품의 아트디렉터로, 디자인 영역에 폭넓은 관점으로 접근하여 여러 분야를 넘나드는 다양한 커뮤니케이션 프로젝트에 참여하였다. 저자는 디자인이란 형태나 소재의 참신함으로 놀라움을 선사하는 것이 아닌, 생활의 틈새에서 평범하면서도 은근히 사람을 놀래킬 수 있는 발상을 끄집어내는 독창성이라고 표현했다. 이러한 그의 신념은 Re-Design(기존의 것을 미지화시키는 것)의 개념으로 발현되어 여러 프로젝트에 큰 영향을 끼쳤다.

책 소개

〈포스터를 훔쳐라〉는 그래픽 디자이너 하라 켄야가 1991년부터 4년 동안 '소설 신초'에 연재한 50개의 원고를 순서대로 수록한 것으로, 하라 켄야의 원점이라고 할 수 있는 작업들을 주로 만날 수 있다. 신출내기 그래픽디자이너로서 디자인과 격투한 나날을 통해 저자가 생각하는 디자인의 의미, 디자인 감각, 사고의 자취, 젊음과 열정을 엿볼 수 있다. 주어진 틀을 거부하고 디자인이 필요한 장소를 직접 찾아가는 저자만의 디자인 철학이 생생하게 다가온다. 2010년 새롭게 출판된 〈포스터를 훔쳐라〉는 1995년 처음 출판되었을 당시의 원고에 저자가 새롭게 쓴 3개의 원고를 더해, 하라 켄야의 과거의 이야기와 현재를 이어 새로운 맛으로 살려냈다.

04

크리에이터의 서재

크리에이터의 서재

01

비정규아티스트의 홀로그림

저자소개 밥장
출 판 사 리더스컴
출 간 일 2006.05.20

추천사 (기획팀 김민혜 PM)

글과 그림 모두 밥장 일러스트레이터만의 개성이 넘쳐 생각의 환기가 됩니다. 무료하고 지루할 때 '팟'하고 깨이는 느낌을 받습니다.

02

마음사전

저자소개 김소연
출 판 사 마음산책
출 간 일 2008.01.20

추천사 (디자인팀 이재명 PD)

라디오에서 몇몇 구절을 들었을 때 읽고 싶다는 생각이 들었습니다. 시인인 작가가 일상적인 단어에 대하여 깊이 생각을 하고 표현한 책입니다. 시인들이 단어를 쓸 때 어떤 생각과 감성으로 쓰는지 세밀한 고민들이 담겨있습니다.

03

• 멈추면, 비로소 보이는 것들

저자소개 혜민 스님
출 판 사 쌤앤파커스
출 간 일 2012.01.27

추천사 (디자인팀 정은혜 PD)

나를 둘러싼 세상이 너무 바쁘게 돌아간다고 생각된다면 잠깐 멈추고 이 책을 읽어보면 좋을 것 같습니다. 지금 내 마음이 바쁜 것인지, 세상이 바쁜 것인지, 이 책을 읽다보면 마음에 위로가 되어 편안한 기분을 느낄 수 있습니다. 종교를 떠나서 내용 자체만으로도 참 좋은 책입니다.

그리고...
나만의
아이디어 창고

스테판 시그마이스터가 작품을 만들 때 가장 먼저 하는 일은 목록을 작성하고, 그의 오래된 스케치북을 들여다보는 일이라고 합니다. 일이 안 풀릴 때 열어 볼 수 있는 자신만의 아이디어 창고를 만들어 보는 것은 어떨까요?

(디자인팀 임동준 실장)

재미로 보는 크리에이터 적성테스트

[EDITOR] 기획자 적성테스트

No	질문	그렇다 ⟷ 그렇지 않다				
		5점	4점	3점	2점	1점
01	일주일에 한 권 이상의 책을 읽는다					
02	간판이나 메뉴판 등에서 오탈자나 띄어쓰기를 보면 고쳐주고 싶다					
03	책을 읽을 때 목차부터 판권까지 집중해서 읽는 편이다					
04	도서실이나 자료실에서 책이나 문서를 정리하는 일이 재밌다					
05	보고 들은 것을 문장으로 옮기는 걸 좋아한다					
06	즐거운 여행을 위해 계획을 세우는 것을 좋아한다					
07	말싸움하면 절대 지지 않는다					
08	한 가지 주제로 한 시간 이상 말할 수 있다					
09	남 앞에서 스스럼없이 자기소개를 한다					
10	요리를 하기보단 판매하는 일이 나에게는 잘 맞는다					
11	종일 틀어박혀 연구하거나 몰두하는 일은 싫다					
12	드라마를 보면 등장인물의 생활방식이나 사고방식이 궁금하다					
13	엉뚱한 일을 잘 꾸미고 기발한 생각을 잘 한다					
14	나의 장래에 대해 자주 생각한다					
15	기획과 섭외 중 하나를 하라면 기획을 하겠다					
16	사람들과 어울리는 술자리가 좋다					
17	신나고 재밌는 일을 찾아서 한다					
18	첫 만남에도 마음이 통하면 스스럼없이 이야기한다					
19	타인의 충고를 너그럽게 받아들인다					
20	여행을 좋아하고 영화, 음악 등 문화생활을 즐긴다					

과연 크리에이터가 적성에 맞을지 고민이시라고요?
지금 편안한 마음으로 다음의 적성테스트를 해보세요.
당신의 경력, 전공, 연봉 등 아무것도 신경 쓰지 말아요.
당신의 상사, 동료, 가족, 연인, 친구들의 시선이나 당신에게 거는 기대 따위도 잊어요.
각각의 항목은 좋고 나쁨이 없고 그저 성향과 특징에 관한 테스트일 뿐이니까요.

[DESIGNER] 디자이너 적성테스트

No	질문	그렇다 ⟷ 그렇지 않다				
		5점	4점	3점	2점	1점
01	실내장식품이나 액세서리 등에 관심이 많다					
02	상품을 고를 때 디자인이나 색에 신경을 많이 쓴다					
03	최신 IT 기계 만지는 것이 어렵지 않다					
04	전시회나 미술전에 관심이 많다					
05	애완동물이나 화분 기르기를 즐긴다					
06	막장드라마는 딱 질색이다					
07	지루하고 반복적인 일상보다 새로운 분야에 도전하는 게 좋다					
08	관심이 생기면 다방면으로 검색해본다					
09	길눈이 밝다					
10	앉아있는 일이라면 자신있다					
11	색채감각이 좋다는 말을 많이 듣는다					
12	이성적이기보다 감성적이다					
13	드라마를 볼 때 옥에 티를 잘 찾아낸다					
14	손재주가 좋은 편이다					
15	내 기술에 자부심을 느낀다					
16	컴퓨터 조작도 연습하면 잘할 것 같다					
17	어떤 일을 할 때 책상과 주위 정리정돈을 먼저 한다					
18	신경이 예민한 편이며 감수성이 예민하다					
19	옷을 잘 입는 편이다(미적 센스가 좋다)					
20	상품전시회에서 마음에 드는 물건이 있다면 구입하는 편이다					

점수별 유형

86 ~ 100 점 A타입 61~ 85 점 B타입 36 ~ 60 점 C타입 20~ 35점 D타입

크리에이터 적성테스트 결과 & 자투리 심리테스트

결과를 보기 전, 다음 적성테스트는 재미로 풀어보는
테스트로서 과연 크리에이터가 내 적성에 맞는 것인지
진지하게 고민할 필요는 없답니다. 가벼운 마음으로 즐겨보세요~

A 그대는 완벽한 모태 크리에이터!

몸에 꼭 맞는 옷을 입은 듯 당신에게 천성적으로 딱 맞는 직업입니다.

• 기획자라면, 이해력이 높고 문장력이 뛰어나 글쓰기에 소질이 있습니다. 처음 만나는 사람과도 공통의 화제를 잘 만들고 분위기를 이끄는 그대. 새롭고 재미있는 일을 하거나 생각하기를 좋아하고 기발한 아이디어가 통통 튀니 참신한 기획자가 되겠습니다.

• 디자이너라면, 감수성이 풍부하고 예민하며 색감 및 디자인에 감각이 좋은 타입입니다. 많은 사람과 함께 하기보다는 자기 혼자서 할 수 있는 일을 좋아하며 자기 스타일과 취향을 소중히 여기는 예술가적 기질이 많은 사람입니다.

B 성실한 노력파 크리에이터!

성실하고 주어진 업무를 착실히 해 나가는 당신. 일명 우등생 타입입니다. 매사 업무에 신중하고 꼼꼼하게 처리하는 스타일로 직장 상사와 동료들로부터 믿음직한 사람이라고 평가받습니다. 수많은 자료나 샘플 이미지를 서치하고 분석을 통해 작전을 세웁니다. 또한 사회적으로 성장하고 싶은 야망이 큰 스타일입니다.

자유로운 영혼~ 개성파 크리에이터!

개성과 창조성을 인정받는 당신. 열심히 일하다가도 문득 기차 타고 어디론가 떠나고 싶다는 생각을 합니다. 자유로운 생각과 개성으로 주변 사람들에게 인기도 많군요. 이런 성향은 업무에도 묻어나 기발한 아이템을 기획하거나 개성 있는 디자인으로 표현됩니다. 하지만 자존심도 강한 편이라 클라이언트나 상사 · 동료에게 싫은 소리를 듣는다면 언제라도 떠나버릴 계획을 가슴 속에 품고 있는 타입입니다.

지금 당장 던져라! 사표!

스스로 생각해보자! 과연 내가 하고 있는 일이 나에게 맞는 것일까? 지금 당신이 하고 있는 업무에 소심하고 의지도 부족합니다. 업무가 익숙한 일이고 해왔던 일이니까 먹고 살아야지~ 라는 생각으로 억지로 출근과 야근을 반복합니다. 불편한 옷을 입은 것처럼 크리에이터와는 거리가 먼 당신. 지금이라도 늦지 않았습니다. 어서 다른 직업을 찾아보는 것이 좋겠습니다.

자투리 심리테스트 (출처 : 인터넷)

이 테스트는 직장인들의 업무 열의에 대해 알아보는 심리테스트입니다.

Q. 당신은 일주일 중 하루를 늘린다면 어느 요일을 늘리고 싶나요?

A. 〈월요일〉

월요일은 '월요병'이라는 말까지 생길 정도로 스트레스가 많은 날입니다. 휴일 다음날이므로 업무도 바쁘고 사고도 많은 날이죠. 그런 월요일을 하루 더 원한다는 것은 열심히 일할 마음과 현재 하고 있는 일에 자신감을 갖고 있다고 볼 수 있습니다.

〈화요일, 목요일〉

화, 목요일은 어떤 특색이 없는 날입니다. 따라서 서비스 업종의 휴일이 많은 요일이기도 하죠. 이 요일을 늘리고 싶다고 생각하는 사람은 사귐도 적당히 일도 적당히 하는 사람입니다.

〈수요일〉

심리적으로 수요일은 가장 편안하게 느껴지는 요일입니다. 업무시간에도 마음이 느슨해지고 태만하게 보내는 날이기도 하지요. 그렇다 보니 의외의 바람기나 직장 내 연애가 발생하기 쉬운 날입니다. 수요일이 하루 더 있으면 좋겠다고 생각하는 사람은 어쩌면 바람을 피우고 싶은 욕구가 강한 사람일지도 몰라요.

〈금요일〉

주말 전날인 금요일은 바쁘지만 즐거운 날입니다. 휴일을 기대하며 충실하게 일할 수 있는 날이죠. 금요일을 선택한 사람은 현재 하고 있는 일을 충분히 즐기고, 목표도 확실하게 세워서 행동하는 사람입니다.

〈토요일, 일요일〉

업무에서 해방되어 휴식을 취하거나 여가를 즐길 수 있는 날입니다. 이런 의미로 볼 때, 주말을 늘리고 싶다고 한 사람은 놀고 싶다는 욕구가 강한 사람입니다. 출세나 명예보다도 자신의 즐거움을 중요시하는 사람입니다.

같은 걸 원해

책으로만 봤다.
검색해서 알았다.
소문으로는 들었다.

미리 읽은 블로그 리뷰만 수십 개.
멀리 서서 보기만 했던 적이 수십 번.

어느새 나는
내가 하고 싶은 걸 적어 넣는
'사심' 가득한 기획안을 쓰고 있다.

꼬깃꼬깃 구겨서 숨겨뒀던
나만 아는 그곳.
나도 같은 걸 원해.
나도 거기 갈래.

입이 즐거우면
마음이 춤춘다.
눈이 즐거우면
마음이 웃는다.

마음이 즐거워야
손이 가볍다.
손이 가벼워야
책이 산다.

'찹찹찹' 먹으며
'착착착' 하고
'호로록' 마시며
'휘리릭' 마치고,
'두근두근' 보고서
'한글한글' 쓰다.

아!
잘먹었다.

다른 걸 원해

인물도 달라
장소도 달라
모든 게 다 달라
그런데 왜?
이 사진이 저 사진 같고,
이 디자인이 저 디자인 같고,
얘가 쟤 같고, 쟤는 얘 같은 거지?

주문하는 대로
매일 똑같은 메뉴를 만드는
요리사가 아니잖아.

나는 다른 걸 원해.
내가 원하는 걸 찾아
나는 떠나야 해.

애써 웃고,
웃으라 하고
애써 포즈 잡고,
포즈 잡아주고
인위적인 건
자연스러운 감동이 없다.

절로 웃고,
절로 웃게 되는 자연스러운 곳,
사람이 있는 길,
사람이 사는 길이다.

복닥복닥 사람 속에서 볶이다 보면
가끔은 사람을 떠나 자연에 기대고플 때가 있다.
티 나지 않게 천천히 제 속도로 자라는 자연 앞에서
티 나게 힘들어하고, 숨 가빠하던 호흡을 고르면
잊고 지내던 사소한 많은 것들의 소중함을 깨닫는다.
어떠한 목적이나 연출이 필요 없는 순간
그대로의 자연을 담는다.

익숙한 일상이
더 이상 편하지 않고,
지루하다 느껴질 때
익숙한 일상을
여행하듯 더듬어 본다.
더 천천히, 가깝게.
그렇게 새롭게, 다르게
다가오는 일상.

05

그의 즐겨찾기
VS
그녀의 즐겨찾기

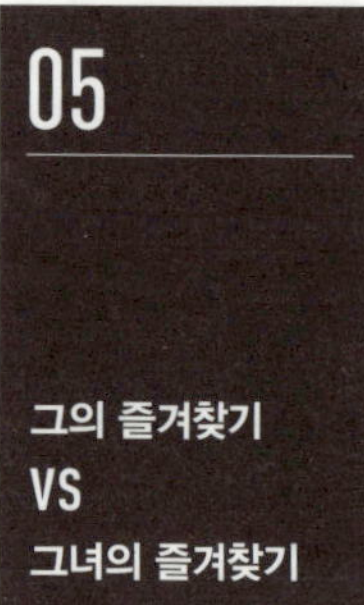

궁_ 덕수궁, 창덕궁, 경희궁, 창경궁, 경복궁

palace

공원_ 선유도공원, 북서울꿈의숲, 양재시민의숲

park

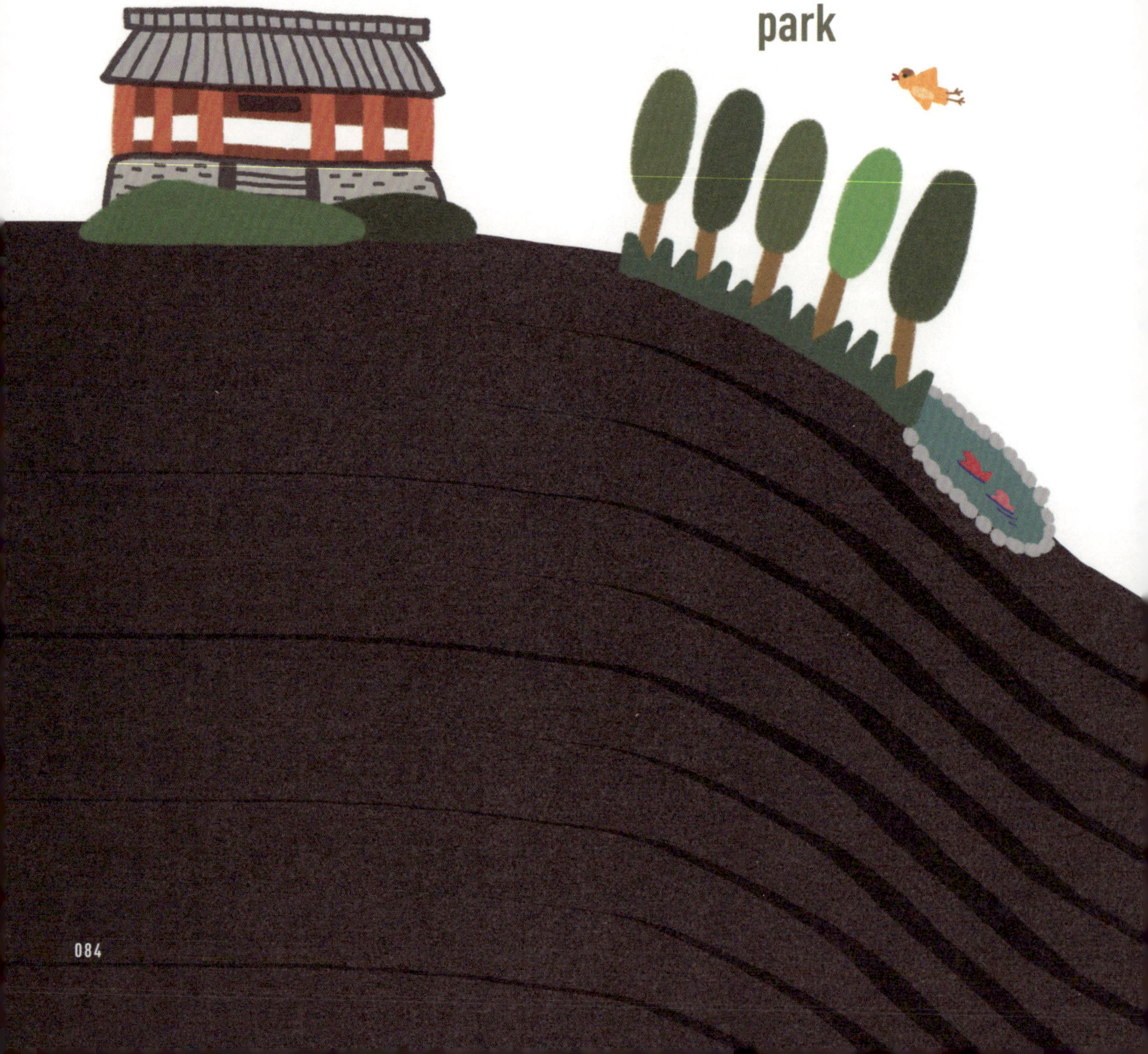

'그'의 즐겨찾기 ▼

산_ 청계산, 북악스카이웨이

mountain

길_ 북한산 둘레길, 낙산공원 성곽길

road

05

그의 즐겨찾기 VS 그녀의 즐겨찾기

서울시립미술관_ 서울시 중구 덕수궁길 61

한미사진미술관 _ 서울시 송파구 위례성대로 14 한미타워

일민미술관_ 서울시 종로구 청계천로 1 동아일보사

가나아트센터_ 서울시 종로구 평창30길 28

플라토_ 서울시 중구 세종대로 55 삼성생명빌딩

씨네큐브 _ 서울시 종로구 새문안로 68 흥국생명빌딩

한국영상자료원_ 서울시 마포구 월드컵북로 400 문화콘텐츠센터

movie

museum

'그녀'의 즐겨찾기 ▼

library

정독도서관 _서울시 종로구 북촌로5길 48

현대카드 디자인 라이브러리 _서울시 종로구 북촌로 31-18

현대카드 트래블 라이브러리 _서울시 강남구 선릉로 152길 18

culture

동대문 디자인 플라자(DDP) _ 서울시 중구 을지로 281

상상마당 _서울시 마포구 어울마당로 65 상상마당빌딩

문화역서울 284 _ 서울시 중구 통일로 1 서울역(본옥)

예술의전당 _서울시 서초구 남부순환로 2364

무대륙 _ 서울시 마포구 토정로5길 12

별거 없다

텐트를 친다.
밥을 짓는다.
고기를 굽는다.
먹는다.
마신다.
잔다.

별거 없다.
별거 없어서
좋다.

아무것도 하지 않을 자유

일과 삶에서
밖으로 한 발자국
걸어 나간다.

최대한 가볍게
충분히 느리게
다만 귀와 눈은
열어놓을 것.

나의 취미생활 무덤

SKATE BOARD
VIOLIN
UKULELE
FLOWER
CELLO
DUMBBELL
PAINT
SHOES
BRUSH
DRAWING
SWIM

기타를 열심히 쳤죠
(기억나는 코드는 없지만)

스킨스쿠버도 했어요
(다시 여름만 와 봐라)

바이올린도 켰죠
(손은 좀 굳었다만)

서양화도 좀 그렸어요
(음… 3년 전에요)

운동도 몇 달 했어요
(디자이너 체력은 필수)

플로리스트를 꿈꿨죠
(언젠가는요)

• • •

그나저나 며칠 전엔
우쿨렐레를 샀답니다.
(이번에는 꼭?!)

• • •

우쿨렐레를 샀어요.
하와이 민속악기인 우쿨렐레.
기타보다 칸이 작고
줄이 부드러워 손이 작아도
코드를 짚기 쉬워요
가격도 저렴하고
크기도 작아서
휴대하기도 좋지요.

우쿨렐레가
손에 익으면
자작곡을 쓸 거예요.
그리고 이 시대를 사는
디자이너들의 고충을
노래에 담아
버스킹 무대에
설 겁니다!

시작은
창대하여라

06

기획자의 고질병 VS 디자이너의 직업병

띄어쓰기 안 된 책

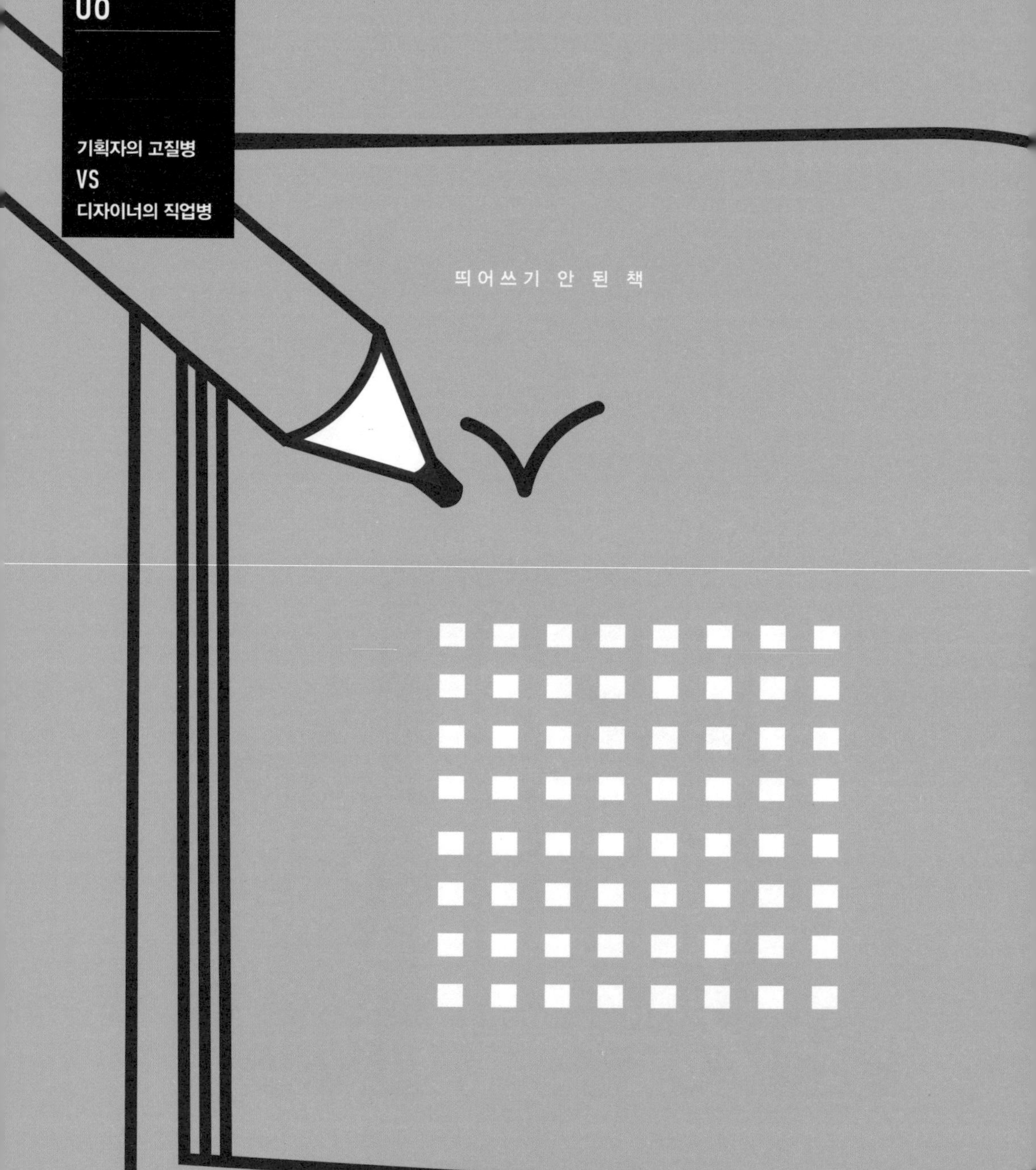

현기증 난단 말이야!

금요일 인쇄 넘기고, 주말 내내 **오탈자** 나오는 악몽 꾸기

고질적인 **안구건조증**과 **손목저림**

깨톡 창에서 **맞춤법** 지적질

메뉴판 **교정 보기**

내가 틀리면 시적 허용이라 **우기기**

택시 아저씨 **인터뷰하기**

친구 모임 위해 철저히 코스와 **일정 짜기**

전시회 작품보다 **도록과 리플렛 주목하기**

'Ctrl+S(저장)'의 생활화

06

기획자의 고질병
VS
디자이너의 직업병

Limited-edition

리미티드 에디션

어머! 이건 사야 돼

음식점에서 숟가락과 젓가락 **그리드 맞추기**

옷 입을 때 **컬러 배색** 따지기(보색은 피한다 ㅋㅋㅋㅋ)

읽지도 않는 **책 수집**

행간과 자간을 고려한 **도서 구입**

커피숍 카드 **디자인 탐구**

화장품 **패키지 모으기**(방 창고 만들기)

커피숍 비치용 **책 슬쩍**하기(죄송합니다)

맛보다 **인테리어 좋은 식당** 가기

물건 정리할 때 **줄 세우기**

이상한 광고 보며 **클라이언트 욕하기**(다 클라이언트 때문이다)

한정판에 환장하기

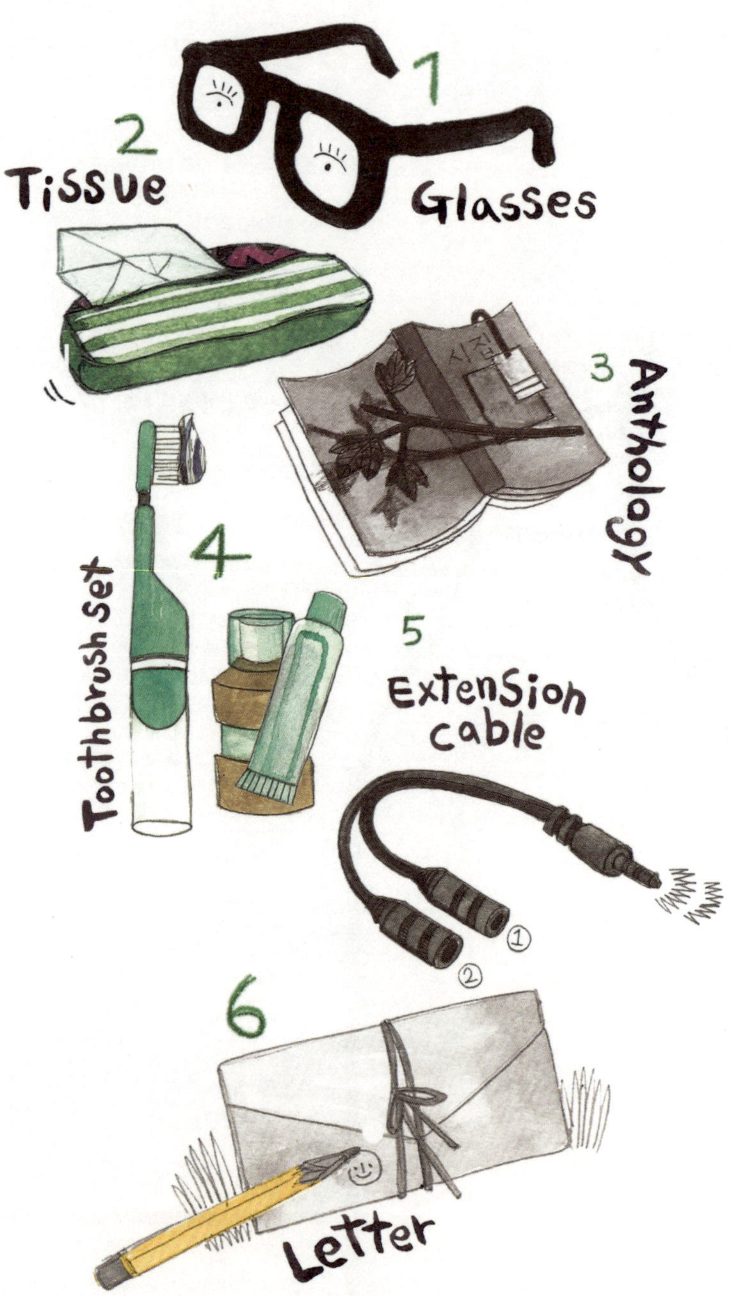
1
Glasses
2
Tissue
3
Anthology
시집
4
Toothbrush Set
5
Extension cable
①
②
6
Letter

그,
그녀의
Must have item

연애편

in House

쇼핑편

새벽까지 이어진 야근 탓에
이제야 몸을 일으키는 그녀.
쇼파에 기대어 무심코 누른 리모콘은
어느새 홈쇼핑 방송을 가리키고,
S/S 신상구두와 함께
기획자의 고질병,
자막의 오탈자를 발견하고야 만다.
마감 임박이라는 쇼호스트의 말에
정신이 아찔해지는 그녀.
무언가에 홀린 듯 전화를 건다.
아뿔사! 또 지르고 말았다.

in House

연 애 편

휴대폰 문자 소리에 잠이 깬 그.
그녀다!
그의 휴대폰은 그녀가 보낸
메시지들로 가득하다.
오늘은 어디서 만날지, 무엇을 할지
생각만 해도 웃음이 난다.
그녀를 만난 뒤로 그의 삶은 특별해졌다.
데이트 요청에 언제든
O.K를 날릴 준비가 되어있는 그.
연애의 시작과 함께 K.O됐던 체력이
단숨에 충전됐다.

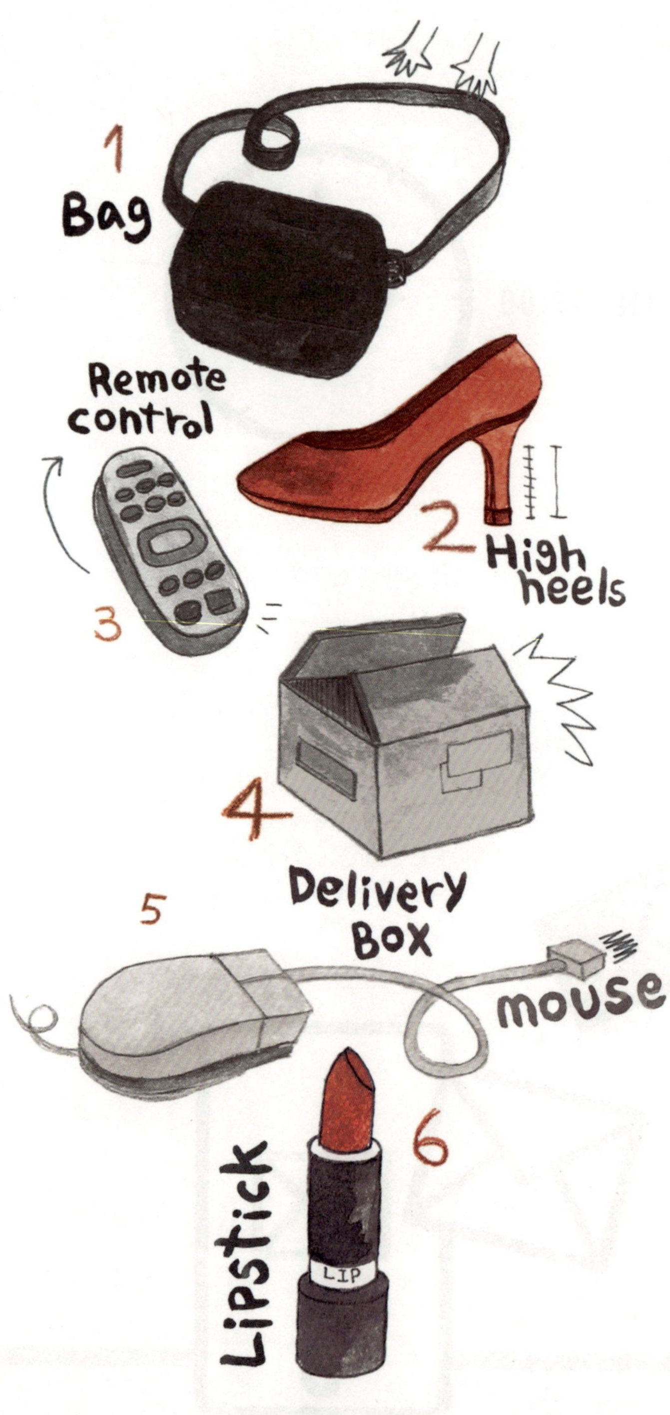
1
Bag
Remote
control
2
High
heels
3
4
Delivery
Box
5
mouse
6
Lipstick
LIP

그,
그녀의
Must have item

쇼핑편

01 비오는 날 목숨보다 소중한 명품백 **02** 아찔할수록 당당해지는 하이힐
03 홈쇼핑을 위한 it item **04** 박스가 쌓일수록 영수증도 쌓인다
05 클릭 한 번으로 신세계가 열린다 **06** 뿌리칠 수 없는 신상의 유혹

at Muti Shopping Mall

쇼 핑 편

일주일간 쌓인 스트레스를 풀기 위해
쇼핑을 하러 간 그녀.
신상 아이템들이 그녀를 유혹한다.
건물 안에 레저와 식사를
동시에 즐길 수 있는
공간이 있다는 사실을 발견한 그녀.
어느새 기획자 마인드로 돌변하고,
쇼핑을 하러 온 건지, 취재를 하러 온 건지
공간 하나하나를 꼼꼼히 살핀다.
그녀, 무언가 득템했다는
의미심장한 미소를 짓는다.

연 애 편

복합쇼핑몰 앞에서
그녀를 기다리는 그.
평소 옷을 잘 사지 않는 그녀가
새로 산 원피스를 입고 나왔다.
앞머리도 2cm쯤 자른 것 같다.
3층 서점으로 이동한 두 사람.
따끈따끈한 신간을 함께 구경하며
일러스트, 컬러, 레이아웃에 대한
서로의 의견을 주고받는다.
그에게 연애란
가슴 설레는 청춘소설이자,
그를 성장시키는 자기계발서이다.

at Book Cafe

PM. 08:00

쇼 핑 편

평소처럼 아메리카노를 주문한 그녀.
카페에 진열된 책들을 보며
토요일 저녁의 여유를 만끽한다.
인상 깊은 내용은 다이어리에 기록하고,
내친김에 다음호 리뉴얼까지 기획한다.
머릿속에 떠오르는 아이디어를
다이어리에 적으며 생각을 정리하는 그녀.
향긋한 커피와 책 한 권,
여유로움이 묻어나는 지금 이 순간이
그녀에겐 가장 행복하다.

연 애 편

그녀와 함께 북카페를 찾은 그.
그들에겐 아지트이자,
너무도 익숙한 장소다.
카페에서 그녀는 말이 없다.
그 역시 말이 없다.
그들은 노트북을 꺼내어
조용히 자기 일을 한다.
내일 있을 디자인 회의를 위해
자료를 서치하는 그.
그러다 문득 맘에 드는 이미지를
발견하면 그녀의 어깨를 두드린다.

07

기획자의 어록
VS
디자이너의 마감스킬

오탈자는 하늘이 내린다.
책은 나오게 되어 있다.
끝은 곧 시작이다.

기획은 예산이 하고 원고는 상상력이 쓴다.
365일-마감일=0

영원한 갑은 없다.

PART 1 기획자의 어록

이해는 하는데요.

무슨 말씀하시는지는 알겠는데요.

그때까지 인쇄 안 넘기면 책 못 나와요.

임팩트 있게 찍어주세요.

07

기획자의 어록
VS
디자이너의 마감스킬

사진을 먼저 받아 메인컷을 고르고,
미리 누끼를 따놓는다.

PART 2

디자이너의 마감스킬

평소 운동을 통해
체력을 기른다.

시간 분배는 생명이다.
벼락치기로 하다 보면 는다.

참고할만한 레퍼런스를 취합해
펼쳐놓고 응용한다.

한 페이지씩 디자인하지 않고,
텍스트와 이미지를
한 번에 쭉~ 깐다.

그냥 마음을 비우고 작업한다.

사진, 색상 CMYK 확인, 유실 확인 등
문제가 될 만한 것들은 수시로 체크한다.

보물
찾으러 가자!

아아아아아아아아아아앙~~~
또 가???
아빠가 보물 찾으면 선물 줄게!
(선물이라는 말에 귀가 솔깃)
자, 첫 번째 힌트!
석가모니 불상이 있는 곳이야!
(후다다닥~~~)
내가 1등! 아니야 내가 1등이야!
조용한 경내가 시끄럽다.

……

아이들 덕분에 문화유산의 아름다움에 흠뻑 빠졌다. 삼남매의 아름다운 문화유산 찾기는 쭈~욱 계속될 것이다.

아빠,
뱀 한 마리
사 주면 안 돼?

안 돼! 절대 안 돼!
뱀은 절대 안 돼!

강아지!
병아리!
장수풍뎅이!
올챙이!
달팽이!
금붕어!
구피!
거북이!
사랑앵무!

더는 안 돼!
동물원 가자!
……

아이들 덕분에 동물을 더 아끼게 되었다. 삼남매의 동물사랑은 쭈~욱 계속될 것이다.

Help me!

디자인은 '감'이라 믿었다.

나를 믿고 주구장창 놀았다.

.

.

.

.

.

야근이 점점 많아진다.
디자인이 어렵다.

'감'
떨어진다는
소리를
들었다.

강의를 듣고 책을 보며
디자인 공부에 몰두했다.
.
.
.
.
.
정시 퇴근 후 여유를 즐긴다.
아이디어가 마구 떠오른다.

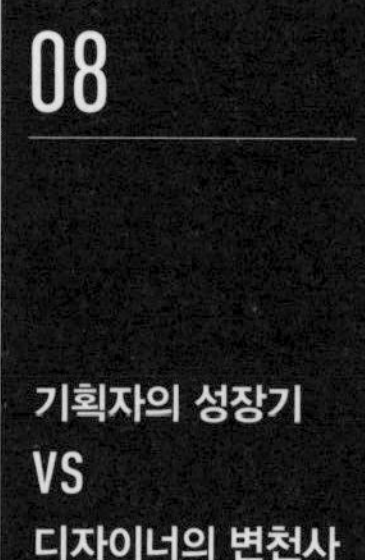

기획자의 성장기

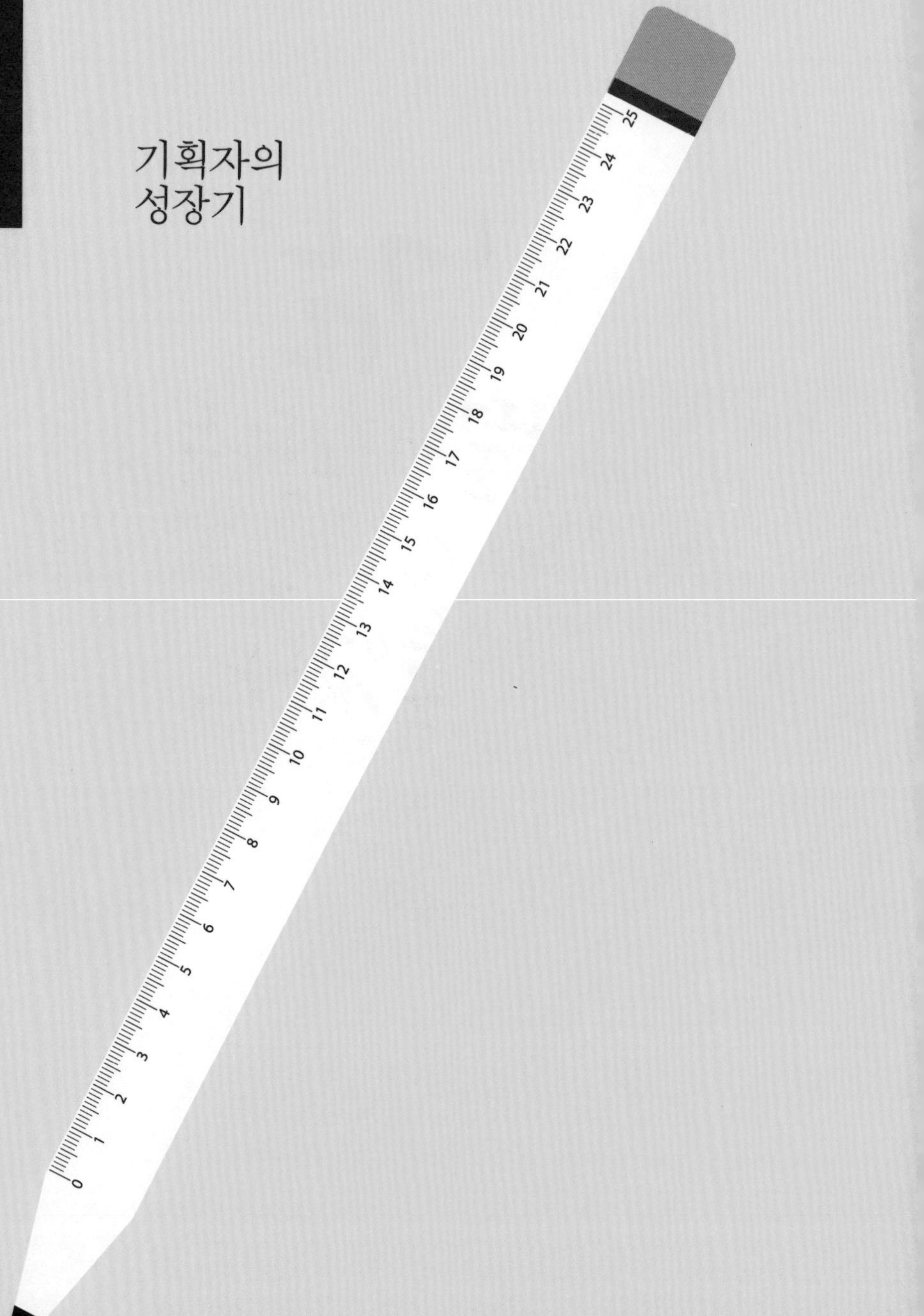

좋아하는 일이니
멋지게 글만 쓸 줄 알았다.
드라마를 너무 많이 본 게 잘못이었다.
-
책을 나르고, 눈알이 빠지도록 교정교열을 봤다.
1시간 취재를 위해 전국을 돌아다니며 글을 썼다.
책이 나왔는데 오탈자 발견!
이런 각본은 내 인생에 없었다.
-
여자 친구와의 1주년 기념일.
분위기 있는 장소를 예약하고, 멋지게 차려입었다.
퇴근 5분 전, 심장을 두드리는 전화 벨소리.
클라이언트의 눈물어린 부탁에
밤을 꼴딱 샜다.
내 눈에도 눈물이 흘렀다.
-
눈앞이 캄캄했다.
글만 쓰고 싶은데
자꾸 기획을 하라고 했다.
맨땅에 헤딩하듯 자료를 뒤지고
파워포인트를 만지작거렸다.
경쟁률은 무려 10대 1이었다.
-
후배가 들어왔다.
이제 다 시키면 되겠다 싶었다.
그런데 그가 안 보였다.
벌써 퇴근했단다.
-
실장님~ 소리에 잠에서 깼다.
어제 설명한 내용이 하나도 반영되지 않았다.
다시!
어느새 나는 꼰대가 되어 있었다.

08

기획자의 성장기
VS
디자이너의 변천사

디자이너의 변천사

1년차부터 10년차까지

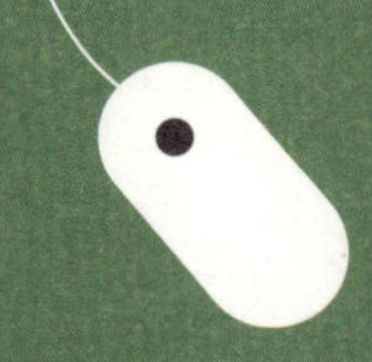

1~2년차 누끼따기

뜨아악,
이걸 다 따라고???

2~3년차 제본

나는야,
제본의 달인!

4~6년차

다 덤벼!
이 사보는 내가 접수한다.

7~9년차

기획과 디자인은
한 몸!!!

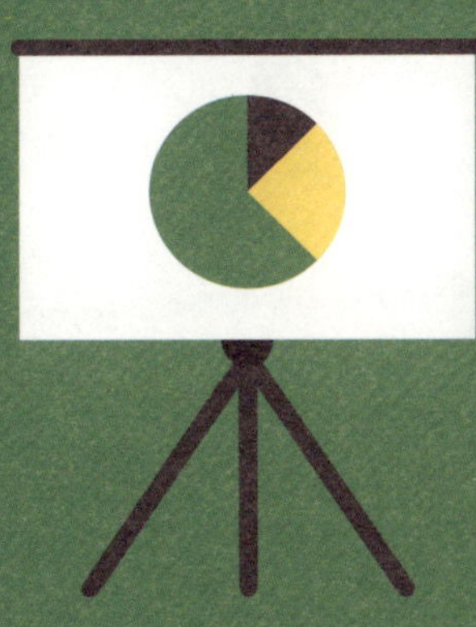

10년차 프레젠테이션

넌 내게 반했어!

PLAY

야구장에서만 야구하나요

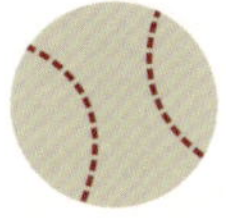

기획안을 던지고 독설로 받고 초장부터 안타고 경기가 시작되고 나는 뛰고 너는 걸어서 왜 뛰지 않느냐고 재촉하다가 시간이 없어 내가 더 빨리 뛰고 매번 뛰지만 1루는 더럽게 멀고 땀은 흐르는데 콘티를 짜고 취재를 가고 사진을 찍고 등짝 몇 번 맞다가 이건 아닌데 싶고 그런데 그게 맞다고 하니 그런 줄 알고 주장 한 번 해보다가 불에 덴 듯이 다시 뛰고 초침과 달력은 무섭도록 부지런하고 일정은 꼬이고 그런데 어느새 2루가 눈앞이고 좋은 건지 나쁜 건지 숨이 턱에 차올라도 디자인은 좋아야 하고 관객석 소리는 죄다 야유로만 들리고 눈물도 좀 나려고 하는데 일단 뛰어야 하고 이게 맞아? 저게 맞아? 여기 3루야? 홈이 어디야? 하여간 뛰어 *넌 경기가 장난이야?!*

9회말 2아웃,
역전의 주말

"선생님, 이제 오셨어요?" "아니, 벌써 준비했는가?"
"일요일 오전이잖아요. 글씨 배워야지요."
"생각할수록 신기하군. 아직도 글씨를 쓰는 사람이 있다니."
"벌써 160년쯤 됐죠? 선생님의 마지막 글씨를 본 때 말이에요."
"그래도 아직 이렇게 여러 수제자를 가르치고 있지 않나."
"전 언젠가 선생님처럼 되고 싶습니다."
"난 칠십 평생 벼루 열 개를 구멍 냈고,
붓 일천 자루를 몽당붓으로 만들었지.
그러나 아직도 글씨가 어렵다네."
"에이, 그 얘긴 저번에도 하셨잖아요!"
"예끼! 버릇없긴. 그나저나 벌써 오시(午時)가 다 되어가는군.
어서 시작함세. 오늘은 어떤 붓으로 시작하겠나?"

누군가들의 대화

그런데, 내 한 가지만 물음세.
지금도 우리처럼 글씨 쓰는 사람을
필가 筆家 라 하나?

요새는
캘리그라퍼Calligrapher
라고 하죠.

09

기획자의 거짓말
VS
디자이너의 거짓말

기획자의 거짓말

사실 제 생각인데
디자인이 정말 좋대요.
고생 많으셨어요!

와, 이런 레이아웃을?!
항상 이렇게 좀!

얼른 퇴근해야 하니까 빨리 시안 주세요~ 자꾸 전화와요!

언젠가는
술 한 잔
해요!

이것도 사실 제 생각인데
이런 건 클라이언트가
정말 안 좋아해요.

클라이언트가 두렵지 않단 말이지
이러면 나 대표님한테 혼나.. ㅠㅠ

나의 간절한 눈빛을 봐 줘 알아서 잘 하시잖아요!

내일도 종일 정신없을 테지만
내일까지 원고
다 드릴게요~

09

기획자의 거짓말
VS
디자이너의 거짓말

디자이너의 거짓말

레이아웃 수정은
없었으면 좋겠네

콘셉트가
왜 이렇게 모호한 거야?

디자인 일정이
왜 이렇게 촉박해

아무리 생각해도
스케줄 조정이 필요해

이건 카피를 먼저
써줘야 디자인을 하지

시간이 없어서
못 본 데가 좀 있지만
다 확인했어요!

아직 한참 남았지만 어쨌든 다 되어가요~

음, 글쎄 난 잘 모르겠지만
아, 그게 맞는 것 같아요.

그래, 언젠가는
술 한 잔
해요!

정말 클라이언트 말 맞아?
아니, 그 클라이언트는
왜 그런데?

뭐 확실하지는 않지만
네, 그때까지는 다 할 수 있어요.

내 간절한 눈빛도 봐 줘 알아서 잘 하시잖아요!

일단 오늘은
퇴근할 거니까
내일 꼭 드릴게요.

기획자의 책상

수요일 9:45pm

여러 매체들의 성향을 분석하고 자료를 조사할 수 있는 스크랩북
"그녀의 실력을 쑥쑥 향상시켜준 1등 공신이지."

밑줄 쫙 띄어쓰기 팍팍! 별표 땡 돼지꼬리 용용! 빨간펜
"고치고 또 고치고, 그녀의 완벽주의를 엿볼 수 있는 물건이야."

마감 주에는 어김없이 야근 또 야근... 훈장과도 같은 야근일지
"지겹도록 하는 야근이지만 일지에 이름이 쌓일 때마다 왠지 뿌듯해."

그녀의 등과 허리를 책임지는 방석과 쿠션
"하루 종일 책상에 앉아있는 기획자들에겐 필수품이라고!"

일에 진전이 없고 당 떨어질 때는 간식박스가 답!
"일시적 멘탈붕괴를 잠재워줄 수 있는 효과 빠른 구급약품 같달까?"

마감이 다가올수록 늘어나는 다크서클을 잠재울 그것, 콤팩트
"자신도 모르게 턱 끝까지 내려온 다크서클을 발견하면 황급히 콤팩트를 찾게 돼."

뻑뻑한 눈을 촉촉하게 감싸줄 인공눈물
"몇 시간 동안 모니터만 들여다보면 눈이 뻐근해지지. 그때의 인공눈물은 사막의 오아시스 같아."

그녀의 곁에 가면 늘 향기로워. 비법은 그녀만의 향수
"칙칙한 사무실 속에서 내 책상과 주변만이라도 향긋했으면 좋겠어."

디자인잡지

"내가 구독하는 잡지야. 디자인 정보만이 아니라
디자인 구도를 참고할 수 있어서 좋아."

청광렌즈안경

"청광렌즈가 생소할 수도 있는데, 보통 컴퓨터작업을 많이 하는 사람들이
애용하는 안경 렌즈야. 파란 빛을 잡아줘서 장시간 작업에도 눈이 개운해."

에너지 드링크

"밤샘 작업의 동반자라고 할 수 있지. 이젠 이거 없으면 안 돼."

드로잉 북과 펜

"언제 어디서든 내 아이디어를 그릴 수 있어.
나중에 한 권씩 쌓이니까 정말 좋은 자료가 되더라고."

카메라

"드로잉 북과 함께 내 아이디어를 저장할 수 있는 물건이야.
길을 지나가다 영감을 떠올릴 만한 것이 있으면 바로 찰칵!"

노트북

"일이 잘 안 되는 날엔 가끔 노트북을 들고 나가. 기분전환도 되고 능률도 쑥쑥!"

텀블러

"요새는 환경도 지키고 커피 값도 아낄 겸 텀블러를 들고 다녀.
디자인이 예쁜 텀블러가 많아서 구매욕구 상승 중이야."

아이폰

"일상은 SNS로 공유해. 나의 SNS 친구가 되고 싶다면 Follow me!"

핸드크림

"남자라도, 섬세한 나는 늘 핸드크림을 가지고 다녀. 특히 겨울엔 필수지."

담배

"끊어야지 결심만 3년째. 정신 차리고 보면 어느새 불붙이고 있는 내가 미워."

디자이너의 가방

목요일 8:15pm

- 전문가 포스를 내뿜을 수 있는 뿔테안경
- 사무실에서는 최대한 편하게 니트와 카디건을 애용
- 정장인 듯 정장 아닌 정장 같은 슬랙스
- 플랫슈즈나 운동화로 깔끔한 마무리

- 깔끔하고 신뢰감 있는 모습을 어필하기 위한 재킷, 블라우스, 치마의 쓰리피스
- 하이힐로 자신감 업! 단, 너무 과도한 높이는 피할 것
- 미팅 시간을 수시로 점검하기 위한 손목시계

- 깔끔한 남자의 매력을 발산해주는 셔츠
- 어제 세탁해서 뽀송뽀송한 면바지
- 살짝 낡았지만 빈티지함이 돋보이는 단화
- 잡지, 노트북 등 디자이너 필수품을 모두 넣을 수 있는 백팩

- 커피가 튀어도, 라면국물이 묻어도 끄떡없는 목 늘어난 티셔츠
- 오랜 시간 앉아 있어도 편안한 추리닝
- 발을 답답하게 하는 신발 대신 통풍 잘되고 가벼운 슬리퍼
- 야근 때의 짐은 최대한 간단하게 줄여서 에코백에 쏙

일요일 재우기

누운 지 세 시간째. 시계 소리는 선명해지고 방은 여전히 컴컴하지만 천장만은 끊임없이 밝아지고 있습니다. 판판한 네모 위를 천천히 지나가는 얼굴들. 필름을 돌려 찰칵찰칵 소리를 내는 슬라이드처럼 많은 사람들이 뒷짐을 지고 지나갑니다. 처음엔 몹시 좋아했던 옛 애인이 아주 느리게 지나가고, 다음으로는 전화선을 타고 온 엄마의 목소리가 서성이며 지나가고, 그 뒤로 남색 점퍼를 입은 아빠의 뒷모습이 지나가고, 이어서 연락이 끊긴 동창이 멋쩍은 듯 머리를 긁적이며 지나가고, 어릴 적 동생이 신나게 자전거를 타며 지나가고, 외국에 나가 산다던 친구가 잘생긴 백인의 팔짱을 끼고 지나갑니다.

좋은 휴일을 보냈는데도 먼 곳의 사람들만 내 방을 방문하는 이유는 무엇인가요. 먼 과거나 아득한 미래만이 나를 찾고 있습니다. 이래선 안 되겠다, 자세를 고쳐 누워 벽을 보면 이번엔 내일의 사람들이 찾아옵니다. 제일 먼저 만나야 할 클라이언트가 헛기침을 하며 눈꺼풀을 노크하고, 또 만나야 하는 사람들이 한 번씩 나를 쳐다보며 지나가고, 써야 할 원고가 지나가고, 돌려야 할 전화번호가 발을 달고 뚜벅뚜벅 지나가고, 종이뭉치를 든 동료가 급하게 계단을 뛰어 내려오고, 해야 할 말과 해야 할 일들이 줄지어 지나갑니다. 어둠 속 그들의 발소리가 유난히 뚜렷해 나는 잠을 이루지 못하고, 잠을 이루지 못하여 나 역시 새벽의 눈앞을 지나고 있습니다. 천천히.

윗집 아이들보다 더 시끄러운 내일의 발소리들. 그러나 이렇게 뜬눈으로 천장을 응시하다 보면 이 새벽 또한 나로 인해 불면을 앓고 있다는 생각이 듭니다. 밤새도록 뒤척이는 나 때문에 일요일은 인상을 잔뜩 찌푸린 채 잠을 이루지 못하고 있는 것입니다. 더욱이 나는 발을 구르며 울기도 하고, 베개에 얼굴을 묻고 소리를 지를 때도 있으니까요. 때로 이불을 하이킥하며 벌떡 일어나기까지 하니, 고요할라치면 울컥 걷어차이는 일요일은 어쩌면 만성 불면증에 시달릴지 모릅니다.

괜찮은 주말을 지나온 나에게는 그러므로 일요일을 재울 의무가 있습니다. 잠시 몸을 일으키고, 눈을 한 번 비비고, 가을바람이 자장가가 되도록 창문을 약간 열어 둡니다. 직사각의 천장을 서성이던 과거와 미래와 내일의 인물들. 그들은 비로소 출구를 찾은 듯 방충망을 투과해 하나둘씩 사라집니다.

이제 몇 시간이 지나면 처음 보는 월요일이 방문할 것입니다. 나는 다시 누워 눈을 감습니다. 마지막 발소리가 창밖으로 나직하게 멀어져 갑니다. 마음은 침대 밑에 내려가 고요히 자리를 잡고요. 괜찮다. 별것 없다. 잘 하고 있다. 이만하면 잘 살고 있다. 도닥이고 되뇌다 보면, 일요일은 졸린 눈을 조금씩 끔벅이기 시작합니다.

잠이 쏟아지고 있습니다. 천천히.

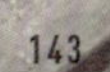

기획자의
土요일
디자이너의
日요일

—

1판 1쇄 인쇄 2015년 5월 12일
1판 1쇄 발행 2015년 5월 18일

저자 | ㈜디자인소호 임직원 일동
펴낸이 | 이인기
펴낸곳 | ㈜디자인소호
등록번호 | 출판등록 제2000-000273호 2000년 11월 9일
주소 | 서울특별시 강남구 도산대로26길, 55(논현동 34-6번지) 3, 4층
전화 | 02-514-5164
팩스 | 02-517-3692
홈페이지 | www.designsoho.co.kr
편집과 디자인 | 윤종현, 임동준, 김희원, 성지선, 강지나
일러스트레이션 | 원미, 강지나

—

값 15,000원
ISBN 978-89-92681-20-9 03810